USA CIO’ CHE SEI

Il vecchio Saggio disse all'imperatore:
«Il tuo pensiero è limitato; tuttavia tutto ciò che sei in grado di immaginare può esistere. Non vi è nulla d'impossibile.»

Fun-Chang

Usa ciò che sei

Traduzione dal francese di Daniela Muggia

un soffio di luce

Edizioni AMRITA

PRESSO LE EDIZIONI AMRITA:

nella collana dedicata alle FAVOLE INIZIATICHE:
- I SAGGI DALLA VESTE COLOR PRUGNA, di Fun-Chang

Riceverete gratuitamente il nostro catalogo ed
i successivi aggiornamenti richiedendolo a:
Edizioni AMRITA - Casella postale 1 - 10094 Giaveno (To)
telefono (011) 9349128 - fax (011) 9340579

Titolo originale dell'opera: Utilise ce que tu es.
1^ edizione in lingua francese: 1984.

INTRODUZIONE

Questo racconto fa parte dei tesori di saggezza dell'antica Cina, e viene attribuito a Fun-Chang, vissuto parecchi secoli prima dell'era cristiana.

La bellezza poetica, la semplicità degli insegnamenti contenuti in questa favola, l'humor e l'universalità del messaggio che ci propone hanno indotto dapprima le Editions Vivez Soleil ad adattarlo in lingua francese, e in seguito le Edizioni Amrita a pubblicarlo in italiano, aprendo così una collana di FAVOLE INIZIATICHE dedicate non solo ai bambini, ma a tutti coloro che sono rimasti giovani nel loro cuore.

Certi lettori si chiederanno se le avventure di questo imperatore siano veramente accadute, se Lo-Yang sia mai esistita e se davvero fu distrutta da un terremoto, e chi fosse in realtà il saggio del racconto...

Per rispondere a queste domande lasciamo la parola al Buddha che disse: «La verità, è ciò che è utile».

Questa massima significa che la verità assoluta si manifesta attraverso concetti che sono veri nella misura in cui servono ad un dato individuo, in un momento determinato della sua esistenza.

Possa ognuno scoprire, in questo racconto come in tutti i libri proposti dalle Edizioni Amrita, ciò che può essergli utile in questo preciso momento, ciò che è vero per lui, nella tolleranza e nel rispetto di tutte le verità individuali.

Possa ognuno di noi, amici lettori, proprio come l'imperatore della nostra storia, imparare ad "usar meglio ciò che è", creando così nella vita d'ogni giorno più libertà, più gioia, e un maggiore affinamento della coscienza.

Le Edizioni Amrita

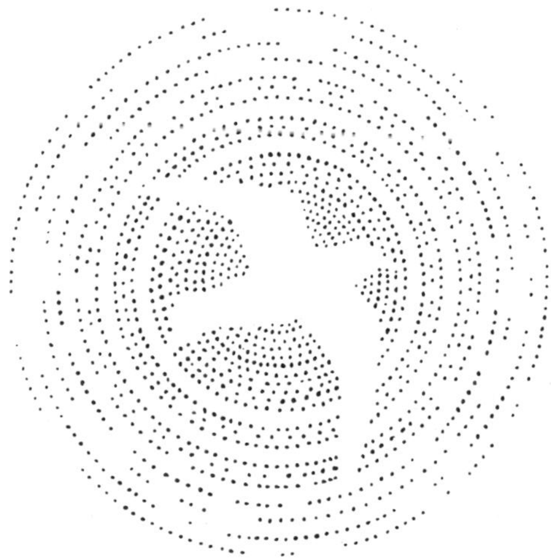

Nell'antica Cina viveva un imperatore che ogni giorno osservava molto attentamente i suoi sudditi. Da una finestra del palazzo poteva guardare gli staffieri al lavoro con i cavalli, le guardie che si esercitavano nel maneggiar le armi, i giardinieri che coltivavano coscienziosamente il giardino. Da un'altra finestra scorgeva la piazza del mercato di Lo-Yang, la capitale, ed osservava con interesse le relazioni interpersonali: gli acquirenti, i venditori; chi guadagnava, chi ci perdeva.

E la sera guardava lo spazzino, che puliva la piazza quando tutti se n'erano andati.

Ogni giorno osservava, osservava... ma più guardava, meno capiva!

Due giornate alla settimana erano dedicate ad esercitare la giustizia; in tutta la Cina era possibile fare ricorso, se non si accettava il giudizio del governatore

della propria provincia: si veniva allora ascoltati dalla corte di giustizia presieduta dall'imperatore, e la parola imperiale era legge.

Gli venivano dunque presentati problemi di successione, dispute tra vicini, reclami di gente che si considerava troppo povera per pagare le imposte o di invalidi che volevano che il governo si facesse carico del loro stato, oppure dispute insorte tra città o province.

L'imperatore rendeva giustizia, e nello svolgere il suo compito continuava ad osservare. Per anni osservò tutto con costanza, finché un bel giorno gli divenne insopportabile restar solo con tutte le domande che si faceva senza mai riuscire a trovare una risposta. Ai suoi ministri non poteva chiedere alcun parere, perché essi erano simili a coloro che venivano a chiedere giustizia, né poteva chiedere agli stregoni ed ai maghi, perché questi avrebbero voluto cambiare la realtà per mezzo della magia, e tantomeno ai medici, che erano della stessa stoffa.

Ma una sera, mentre passeggiava in giardino passando mentalmente in rivista tutte le persone che aveva incontrato nel corso della vita, e cercando quella che avrebbe potuto rispondere a tutte le domande che gli stavano facendo scoppiare la testa, si ricordò del vecchio Saggio che aveva incontrato quand'era giovane e che sapeva tante cose...

Ma quell'uomo, era davvero saggio oppure gli aveva dato quell'impressione perché a quell'epoca era lui stesso tanto giovane? Oh, se soltanto avesse potuto esser lì, nel giardino, per rispondere a tutte le domande che gli rodevano il cuore... Non appena questo pensiero gli ebbe attraversato la mente, il Saggio gli apparve accanto e subito l'imperatore si mise ad assalirlo di domande:

— Perché certi sono nati armoniosi ed altri deformi? Perché alcuni sono saggi ed altri ignoranti? Perché certi sono commercianti ed altri artisti, perché alcuni non vogliono migliorare la loro vita? Perché l'uo-

mo che ogni sera scopa la piazza del mercato rifiuta il posto di prima scelta che gli offro, qui al palazzo? Perché certi sono più forti di altri? Perché alcuni sono ricchi ed altri poveri? Perché è così?... Ho visto, disse l'imperatore, un ragazzo di quattordici anni, figlio d'un mio ministro, perdere la vita giocando con i suoi amici; perché? Dov'è andata la sua vita, e perché è stata tanto breve? Ci sono dei cortigiani di novant'anni che non riescono neppur più a muoversi... perché la loro

vita è così lunga? Io posso dettar legge, pronunciare giudizi, disse l'imperatore, ma tutte queste domande vanno al di là della mia comprensione...

Il Saggio gli rispose:

— Guarda il tuo giardino!

L'imperatore si guardò attorno e disse:

— È bellissimo!

— Guarda la quercia, maestosa nella sua vecchiaia, ed il giuggiolo, così grazioso e così giovane! Guarda i fiori e le piante: ce ne sono di forti e di deboli, alcuni longevi e altri che vivono una stagione soltanto; certe piante hanno foglie atrofizzate e fiori incompleti, e altre non possono svilupparsi, private del sole dai grandi alberi che stan loro intorno.

Perché non mi chiedi nulla sugli alberi, sulle piante, sui fiori? E gli animali, allora? Perché mai il pollo non ha la forza del bufalo? Perché la tigre non ha la mansuetudine del cane? Perché l'aquila vola con tanta potenza nel cielo, mentre i passerotti paiono così deboli?

Non sembra forse ingiusto che certi esseri viventi siano aquile ed altri passerotti, alcuni fili d'erba ed altri querce, alcuni granito ed altri diamante? Non trovi che sia davvero ingiusto? disse il Saggio.

— Ma non sono mica persone! Rispose l'imperatore. Non si tratta di individui dotati di ragione, ma solo di cose, su cui noi camminiamo, che mangiamo, e che in un modo o nell'altro fanno parte della nostra vita.

— Ah, disse il Saggio, ebbene: qui ti sbagli. La vita che scorre nella canna di bambù è la stessa che scorre nella quercia... e quella che scorre nello spazzino è la stessa che scorre in te. Ciò che viene chiamato Dio, il Soffio Divino, la Vita, l'Energia o la Forza universale, l'"Io Sono".

L'imperatore si grattò il capo:

— Sono ancora più confuso di prima, disse.

— Vieni con me allo stagno, e siediti su quella pietra, disse il Saggio.

Il Saggio agitò l'acqua con una mano, e fu come se intorno a loro tintinnassero migliaia di campanellini...Un'immagine apparve allora sull'acqua.

— Ti condurrò molto indietro nel tempo, disse il Saggio, prima dell'epoca di tuo padre, prima ancora di quella del padre di tuo padre e del padre del padre di tuo padre, per offrirti non una visione d'insieme ma una visione in prospettiva, un'occhiata su cos'è l'uomo, cosa sono i pianeti, i minerali, le piante e gli animali.

Allora sulla superficie dello stagno apparvero immagini d'una civiltà incredibile: c'erano oggetti che volavano nei cieli, e uomini che si spostavano in veicoli non trainati da cavalli, e gigantesche strutture di metallo che fluttuavano per i mari. Uomini e donne viaggiavano molto velocemente, ed i loro vestiti erano del tutto diversi da quanto l'imperatore avesse mai visto.

— Questa civiltà è esistita prima di quella che conosci, disse il Saggio; ma guardiamo un po' più avanti nel tempo.

Lo schermo parve allargarsi, e l'imperatore vide centinaia di migliaia di persone sparse su tutto il pianeta, e contemplò delle civiltà in confronto alle quali la sua faceva pensare alla vita dei cavernicoli... Poi vide radunarsi un gruppo di uomini e donne e parlare, scambiandosi informazioni sulla natura della loro energia personale, ognuno esprimendo la sua bellezza, il sua calore, la sua forza e la sua coscienza. Ben presto il gruppo attrasse altre persone desiderose di scoprire in loro stesse la medesima comprensione di sé, la medesima libertà per poter vivere nel mondo senza esser del mondo.

Una notte questi uomini e queste donne condussero quelli che erano con loro in un certo luogo: d'un tratto vi furono lampi, tuoni, e la superficie della terra in pochi istanti subì una metamorfosi: onde alte parecchi chilometri spazzarono via intere contrade, vi furono città inghiottite a chilometri di profondità dai terremoti, e vaste civiltà furono ricoperte dalla terra o dall'acqua. Immensi territori scomparvero, ed apparvero nuove terre.

L'imperatore osservava, affascinato. E vide che i so-

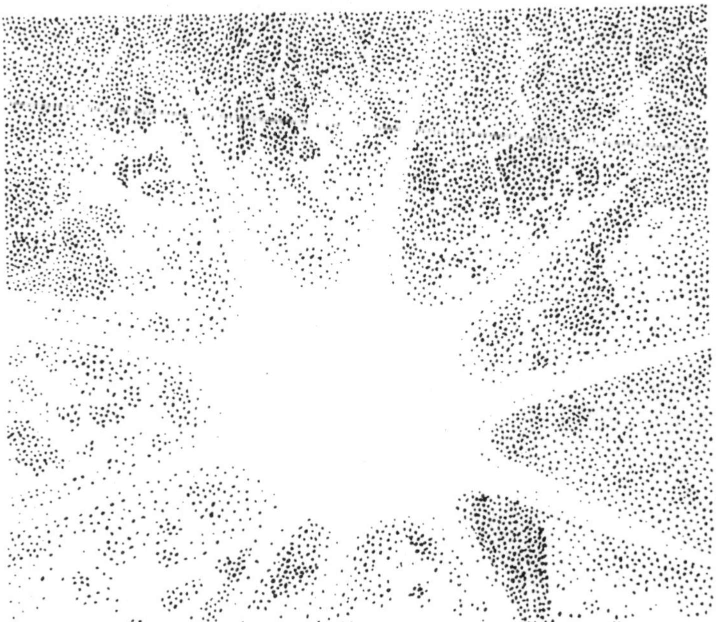

pravvissuti erano forti e coraggiosi, e che, grazie a coloro che li guidavano, imparavano a vedere e a comprendere ciò che essi erano veramente. La loro capacità di vivere in armonia con sé stessi e con gli elementi della natura era molto sviluppata; alberi, piante e fiori erano scomparsi... C'erano dei semi che germogliavano... ma ci sarebbero voluti anni per vederli crescere. Così, in molte parti del mondo, si svilupparono piccoli gruppi; poco per volta nacquero dei bambini che ben presto cominciarono a fare domande: «Da dove veniamo? Dove stiamo andando?».

Quando i loro genitori cercarono di raccontare loro quanto essi stessi avevano direttamente conosciuto, i figli non riuscivano a crederci. E come avrebbero potuto, senza un'immagine, senza un oggetto dell'epoca precedente? Come fare perché capissero?

Certi giovani partirono per creare nuove società altrove, e ben presto i sopravvissuti della civiltà precedente morirono.

Le immagini, sulla superficie dello stagno, si confusero ed infine svanirono.

Il Saggio disse all'imperatore:

— Coloro che sopravvivono devono andare oltre.

— Non capisco, disse l'imperatore.

— Hai visto quegli uomini: erano saggi perché guidati dall'interno. Essi presero per mano i sopravvissuti per ricominciare un nuovo ciclo.

Quei saggi sono, in un certo senso, il nutrimento, l'energia, il carburante di ogni ciclo.

Perché si compia il ciclo della vita è necessario un apporto di energia: l'uomo nasce incapace di nutrirsi e muore allo stesso modo. Tutto ciò che vive, vive secondo dei cicli: minerali, piante, animali, esseri umani

vivono seguendo i cicli della natura; il pianeta, anch'esso, segue un ciclo. Questi uomini e queste donne che hanno sviluppato l'auto-coscienza e la loro capacità d'unione con tutto ciò che vive hanno il ruolo, in ogni era di cataclisma, di mantenere la coesione necessaria e di apportare gli elementi indispensabili alla continuazione del ciclo globale. Non hanno bisogno di essere buoni e non hanno bisogno di essere cattivi: possono essere capo religioso o imperatore, uomo d'arme o pastore, funzionari o parrucchieri... trasmettono energia. Aiutano il ciclo a compiersi e sono il ponte che conduce da un'epoca ad un'altra, il filo che forma la trama della storia umana.

Devi capire, imperatore, che il tuo spazzino è come un seme, un'energia giovane; forse, in un'altra epoca, sarà un essere diverso, un albero dai forti rami. Ma, per ora, non puoi volerlo differente da ciò che è. Gran parte della saggezza e della conoscenza consiste nello smettere di voler trasformare la gente in ciò che non è, ma nell'accettare ciò che è, nel comprendere la sua esperienza di vita.

Forse che strappi dal tuo giardino tutte le piante che non sono querce? No, tu cerchi l'armonia tra l'erba, i fiori, i cespugli, gli alberi; forse che quando nutri le tue rose dici loro: «voglio che viviate quanto la quercia»? Le rose non vogliono essere querce; vogliono essere rose. Perché dunque volere che gli uomini siano diversi da quello che sono?

Questa è la lezione più difficile da imparare per gli

esseri umani, disse il Saggio, ma tu puoi cominciare con l'accettare l'evoluzione del regno minerale, vegetale, animale; se puoi già ammettere che una tigre sia più forte d'un topo, e che una mucca dia più latte d'un pollo, non riesci a capire che allo spazzino piace essere uno spazzino? Non riesci ad accettare che chi ha fame faccia parte del tuo impero? Certo, tu puoi sfamarli, ma questo esula dalla situazione generale. Dovresti sapere, imperatore, che non devi sfamare il tuo popolo: puoi agire in modo che il cibo sia accessibile a tutti, ma tocca a loro imparare a nutrirsi da sé.

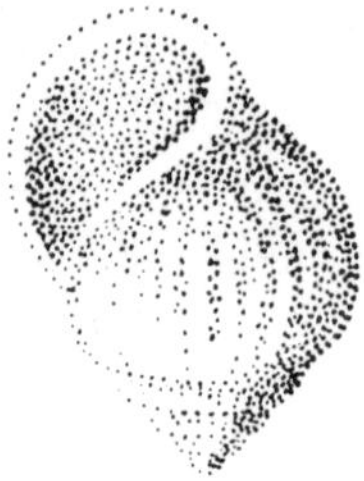

Ogni civiltà che comincia a sfamare la gente pensando che essa sia incapace di provvedere a se stessa è votata al fallimento; ogni uomo che non sappia prendersi cura di sé comincia a morire; ogni animale che non sia in grado di provvedere alle proprie esigenze sarà preda d'un altro animale; ogni pianta priva della forza necessaria per raggiungere il sole e l'acqua torna alla terra da cui è venuta.

Vieni con me: entra nell'immagine che si crea davanti ai tuoi occhi e guarda questa foresta.

Era una foresta magnifica, con grandi alberi e fiori meravigliosi, e animali che la percorrevano in lungo e in largo.

— Questa parte della foresta non è stata toccata dall'uomo, disse il Saggio. La vita è ovunque. Guarda l'erba, i fiori, gli alberi, gli uccelli, gli insetti, gli animali... Vivono il loro ciclo, imparano, si evolvono.

— Ma, disse l'imperatore, l'uomo è più avanzato, più intelligente!

— E chi l'ha detto? disse il Saggio. Come puoi sapere se l'uomo si trova più in alto o più in basso del regno minerale? Il regno minerale non si lamenta, non cerca di prendere ciò che appartiene ad altri, non uccide altri individui; fa ogni cosa con semplicità, in accordo con la natura che lo circonda. Sei sicuro che l'uomo sia più elevato sul piano terrestre... e che, invece, un giorno non ti evolverai diventando una roccia?

L'imperatore rispose:

— Mi sembra impensabile!

— Il tuo pensiero è limitato; tuttavia tutto ciò che sei in grado di immaginare può esistere. Non vi è nulla d'impossibile.

L'imperatore chiese:

— A cosa può servirmi tutto questo per essere un buon imperatore? nel Sud ci sono state recentemente grandi inondazioni e molti hanno perduto le loro case, migliaia di persone sono morte annegate; i sopravvissuti mi chiedono viveri.

— Ti sei mai chiesto, imperatore, perché quella gente vive così vicina all'oceano, o lungo il corso dei fiumi o nelle basse terre che l'acqua può inondare, perché costruiscono la loro casa sulle scogliere, in luoghi che possono crollare, perché non cercano d'integrarsi con la natura invece di sfidarla? La natura, le forze naturali, sono come cento milioni di cavalieri armati di spade affilate: non v'è alcun modo di opporre resistenza.

La gente che ha ricevuto un'educazione sa dove vivere, dove costruire la propria casa e come proteggersi.

Se sono pescatori, insegna loro a sfruttare i venti e le maree, insegna loro come vivere con la natura, e spiega loro che se lottano contro di essa allora dovranno accettarne le conseguenze. Non puoi avere rimpianti per la persona che ha perso la casa in un terremoto, in una tempesta o un'inondazione. Vivendo dove vive, ha scelto quel rischio. Non puoi obbligare la gente a cambiare vita.

Quando vi sono troppe erbacce e non abbastanza querce, quando vi sono più passerotti che aquile, più topi che tigri, più granito che diamante, viene a crearsi uno squilibrio che comporta un rinnovamento della situazione mediante il gioco delle forze naturali. Nulla muore. Certe forme di vita scompaiono, sostituite da altre, ma lo spirito vivente che è in ognuna di esse non muore mai; i funerali sono fatti per i vivi e non per i morti. Sono fatti perché la gente possa avere il piacere di esprimere il proprio dolore, ma il morto non ne

ha bisogno, perché non è morto ma prosegue la vita in altre condizioni. La foresta non fa funerali, né gli animali, né gli uccelli, né gli insetti né i fiori.

— Sono stato un cattivo imperatore, disse l'imperatore.

— No, disse il saggio, non sei stato un cattivo imperatore; hai usato lo strumento che avevi. Hai usato pienamente le tue forze nei limiti della tua comprensione; sei stato capace di percepire. Attraverso tutto ciò che sei stato, l'energia che è in te s'è manifestata.

Il vecchio Saggio avrebbe voluto che l'imperatore potesse vedere e comprendere di più... ma sapeva che la comprensione si risveglia solo pian piano.

L'imperatore disse:

— Che ne è delle leggi del Paese? Devo eliminarle tutte e ricominciare da zero?

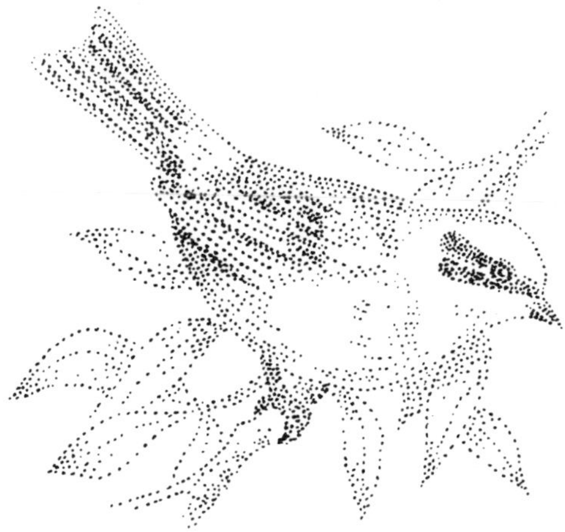

— No, disse il Saggio: governa i popoli del tuo impero come un giardiniere governa un giardino. Il giardiniere consente alle sue piante di crescere senza cercare di farle diventare ciò che esse non sono. Non guardare la roccia su cui sei seduto per dirle: «non mi piace ciò che sei, non mi piace il colore che hai, devi diventare una roccia di giada». All'uccello che è sull'albero, il giardiniere non dice: «dovresti essere un'aquila, ora ti trasformo in aquila». Non puoi né trasformare in aquila il passero, né lo spazzino in imperatore, né, in generale, fare la felicità della gente.

Gli individui sono vibrazioni, sono un'energia che sceglie un corpo, e vivono in questo strumento, e lo usano. Tu, nella tua sala da pranzo, usi piatti e posate per mangiare; ma il tuo garzone di scuderia usa le mani. Se viene nella tua sala da pranzo, si riempirà lo stomaco come te. Ma avrà bisogno d'un bagno dopo aver mangiato, mentre tu resterai pulito.

La stessa cosa avviene per l'energia: entra in un corpo, e questo corpo può essere simile a qualsiasi altro. Guarda i ministri che ti circondano: hanno tutti due

braccia, due gambe, due occhi, a parte qualche eccezione. Hanno quasi tutti lo stesso corpo, tuttavia sono diversi tra loro: perché uno è un grande intellettuale e l'altro no, perché il tuo mago può spostare degli oggetti con la forza del pensiero? Ogni persona è un'energia. L'energia che è in ognuno sa come utilizzare tutto ciò che ha a disposizione, e lo fa attraverso le esperienze che l'individuo vive ad ogni tappa della sua vita.

— Vuoi dire che ho già avuto altre vite, prima d'ora?

— In un certo senso, disse il Saggio; è un modo di avvicinarsi al problema. Ciò che soprattutto bisogna capire è che la tua energia sarà in grado, la prossima volta, di assorbire qualcos'altro.

— Ma, chiese l'imperatore, com'è possibile che il male sia un'energia utile?

— Ciò che chiami "male" è un'energia. Puoi uccidere migliaia, anche milioni di persone senza che questo sia 'male"!

— Cosa!?

— E perché dovrebbe esser "cattivo"? perché dovrebbe essere male? Uccidi migliaia di mosche, uccidi migliaia di animali e di piante per mangiare. E qual è la differenza tra la loro energia e quella di un uomo?

— Ma l'uomo è un mio simile!

— E non credi che un pomodoro potrebbe dire la stessa cosa d'un altro pomodoro? Capire questo punto è importante: non si tratta di andare a predicare e a propagare nel mondo questa saggezza, ma di osservare queste cose in modo che divengano parte del tuo essere. In tal modo potrai vivere nel mondo senza paura, senza frustrazione, senza collera e senza giudicare, perché avrai imparato ad osservare. La capacità d'esser testimone senza identificarti con ogni situazione ti dà un'incommensurabile potenza.

Guarda l'immensa quercia che domina il giardino: gli uccelli fanno il nido fra i suoi rami. Guarda l'aquila, che osserva tutto ciò che accade sotto di lei.

Ricordati che la gente deve fare l'esperienza di ciò che vive. Se hai rimpianti o pietà per gli altri, ti identifichi con loro diventando parte di ciò che sono, e allora non permetti più alla tua energia di svilupparsi al massimo.

— Cos'è l'energia? Chiese l'imperatore.

— Ah... di questo ti parlerò più tardi; bisogna prima che tu abbia la base necessaria, che tu possa percepire ciò che sei.

— Mi hai mostrato i mutamenti del mondo: sono avvenimenti che vedrò in futuro? E come sarà?

— Sarà proprio come la volta scorsa.

— Ci sarà un gruppo di saggi al corrente di ciò che starà per accadere?

— Sì.

— Prepareranno altri individui?

— Sì.

— Farò parte del gruppo?

— Forse sì, forse no.

— Significa che senza un certo grado di saggezza potrei morire?

— Non morire, bensì rinnovarti. Se in quel momento sarai una quercia, e la parte inferiore del tuo tronco sarà in cattive condizioni, forse sentirai il bisogno di rinnovarti. Oppure, se sarai una vecchia aquila ormai incapace di volare, oppure un diamante tutto incrinato ed ormai privo di forza... ma quel diamante sarà stato diamante, come l'aquila sarà stata un'aquila, e la quercia una quercia... Ognuno è pronto per nuove esperienze.

Devi capire che devi imparare ad utilizzare la tua forza, e per usarla al massimo bisogna che non venga controllata dall'energia di altre persone.

Puoi percepire gli altri, puoi imparare da loro, ma sappi conservare l'atteggiamento dell'osservatore.

— Che pensare di tutto quello che mi hai spiegato? Disse l'imperatore. Come sapere se non stai cercando d'indurmi in errore, di prenderti gioco di me, di ingannarmi?

— E che vantaggio potrei ricavarne? Non ho nulla da guadagnarci, disse il Saggio. Non diventerò imperatore, né mi darai grandi ricchezze. Che potrei guadagnarci... forse, delle prugne?

Non parlare con nessuno di ciò che hai udito, ma tienilo per te. Devi capire che le ispirazioni, le visioni interiori, le intuizioni che puoi avere sono i tuoi diamanti, i tuoi gioielli: esse divengano la tua forza, il tuo compimento, la tua pienezza.

Quando siedi nel mezzo della corte e molti vengono da te, osservali: se provengono dalla regione che ha subito le inondazioni, educali; se vengono a chiederti dei soldi, insegna loro come lavorare. Non fare al posto loro ciò che essi devono fare, e così potrò mostrarti la luce, l'energia, le risorse del tuo essere che ancora ignori.

— Ma voglio conoscerle! Disse l'imperatore.

— Potrei enumerartele in vari modi, disse il Saggio, ma forse che si può mettere un branco d'elefanti in una piccola stanza? Sappi che ti dò tutto ciò che puoi attualmente assorbire, ma è necessario che l'insegnamento sia progressivo. A mano a mano che crescerai e che permetterai al tuo corpo, al tuo cuore, al tuo cervello di funzionare meglio, potrò darti di più; più riceverai, meglio capirai coloro che ti stanno attorno e la natura che ti circonda. Forse che resti sotto un albero che sta per cadere?

— Ridicolo! Certo che no, disse l'imperatore.

— E se non sai che sta per cadere?

— Oh, disse l'imperatore, vuoi dire che potrei sapere che l'albero sta per cadere?

— Puoi far parte d'ogni cosa, disse il Saggio. Quando una vecchia inferma viene da te, non metterla in una casa per anziani, ma aiutala ad imparare ad usare ciò che è. Se le sue gambe si muovono appena ed ha le braccia paralizzate, e tu le dici: «Vecchia, hai avuto una lunga vita, hai bisogno che qualcuno si prenda cura di te; ti metterò in una casa al sole nel sud del Paese», lei sarà contenta. Ma allora cento altre vecchie correranno da te.

Se invece tu le dici: «Domani prenderai un bagno freddo, comincerai a far lavorare il tuo corpo» potrà, se lo farà, migliorare. E non vedrai accorrere a te uno stuolo di vecchie desiderose di diventare dipendenti.

Impara ad aiutare le persone ad aiutarsi.

Da' loro gli strumenti necessari, sapendo che esse hanno in sé la capacità di servirsene.

— Insegnami ad usare gli strumenti che usi tu! Disse l'imperatore.

— Come posso insegnarti a maneggiare strumenti per impugnare i quali ci vogliono sette mani?

— Ma allora, tu come fai a servirtene? disse l'imperatore.

— Facile, disse il Saggio... ed ecco che, d'un tratto, aveva sette mani!

— Oh, disse l'imperatore, questo non so farlo...

— Eppure potresti... Tutto ciò che puoi immaginare può essere fatto, disse il Saggio.

L'imperatore guardava lo stagno e rifletteva. Era tutto così nuovo, tutto così importante... Sapeva che ciò che aveva compreso avrebbe cambiato la sua vita, che lui non avrebbe cambiato la vita degli altri, ma che avrebbe potuto aiutarli a cambiarsela da sé.

Si volse verso il vecchio Saggio e gli disse:

— Ho notato, osservando la piazza del mercato, che in un certo punto c'è molto traffico. Quando la sera la gente va via, alcuni cadono e si feriscono: bisogna che mandi una guardia per regolare la circolazione.

— Vuoi proteggerli, disse il Saggio... perché dunque vuoi proteggerli?

— Perché bisogna che possano rientrare a casa loro senza incidenti.

— Questo è come dire che sono un gruppo d'idioti, e che non sanno fare le cose da soli. Quante leggi hai fatto perché pensavi che i tuoi sudditi fossero incapaci di auto-proteggersi?

— Ma senza leggi sarebbe il caos, disse l'imperatore.

— È vero; più ci sono persone, più ci sono leggi. Tuttavia devi imparare, per te stesso, come vivere e funzionare senza leggi. Devi imparare a vivere in un mondo retto da un'unica, grande Legge: ovunque tu guardi, nella Natura, si applica sempre la stessa Legge.

— Insegnamela, disse l'imperatore.

— Per cominciare, disse il Saggio, posso insegnarti a vivere al di sopra e al di là delle leggi, ma tuttavia bisognerà che tu continui a crearne per coloro che intorno a te non sono ancora pronti per farne a meno.

Puoi convivere con questa idea?

L'imperatore rifletté un momento e disse:

— Non so.

— Tuttavia è semplice, gli disse il Saggio: l'aquila che è nel cielo non sa nuotar sott'acqua, il pesce non vola nell'aria, la farfalla non raccoglie le giuggiole. Tutti usano la loro energia; devi capire che puoi contemporaneamente emanare delle leggi ed essere al di là di esse. Devi stabilire delle leggi perché la gente manca di intuizione, non sa vivere naturalmente.... Le piante, le canne, le rocce, gli animali sanno farlo: sentono quando sta per venire un terremoto, quando si prepara una tempesta, ed agiscono di conseguenza. Una pianta che vive nei pressi dell'oceano si accerta che le sue radici si spingano bene in profondità per non essere sradicata dal vento. L'uomo che sa ascoltare la sua intuizione non ha bisogno di leggi.

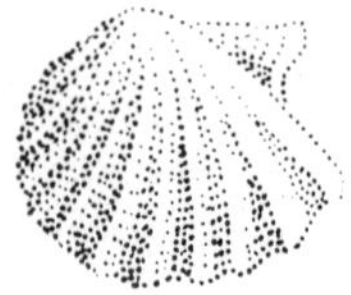

— Ma non tutti possono avere intuizioni...

— Di questo parleremo domani, disse il Saggio.

— Un momento, disse l'imperatore. Mi hai parlato di quelle donne e di quegli uomini saggi e forti che sono come il filo che forma la trama del mondo; mi hai detto che se esprimessi l'energia che è in me potrei forse vivere in un corpo ancora più forte e percepire altre cose. Come sapere quando avrò sperimentato tutto, e che non avrò più da vivere l'esperienza d'essere in un corpo?

— Credimi, disse il Saggio, lo saprai. Ma finché mi fai questa domanda... significa che non è ancora il momento!

L'imperatore tornò in camera da letto; aveva passato tutta la giornata nel giardino col vecchio Saggio ed aveva l'impressione d'esserci stato per intere settimane. Aveva visto, ascoltato ed assorbito tutto quanto aveva potuto. Si sdraiò sul letto, si mise addosso una coperta e si addormentò.

I sogni lo invasero: si vide passeggiare in una foresta fra alberi, uccelli, insetti; poi sentì la foresta tremare, come se lì vicino camminasse un gigante: gli animali si misero a correre qui e là, gli uccelli vennero proiettati in aria. La foresta tremò ancora di più. Ebbe paura. La foresta venne scossa sempre più forte e l'imperatore si svegliò.

Il suo palazzo tremava: erano cadute le porte ed i muri si creparono e cominciarono a crollare. Sentì le urla provenienti dalla città di Lo-Yang e volle alzarsi in piedi, ma le onde sismiche che scuotevano il palazzo lo inchiodavano al suolo, e poté spostarsi solo carponi. Non v'era un solo servo in vista, tranne uno che era schiacciato sotto una statua. Giunse fino al salone d'entrata, e vide la gente correre in tutte le direzioni, urtandosi e calpestandosi l'un l'altro.

Il panico era giunto al culmine e l'intero palazzo vacillava; i muri crollavano con gran fracasso. L'imperatore si arrampicò fino alla sua camera, si prosternò davanti all'altare degli antenati ed attese. Poco dopo il boato ed il terremoto cessarono, lascian-

do il posto ad un silenzio di morte. L'aria era carica di polvere. Poi il boato riprese, e l'imperatore udì grida e urla; questa volta il rumore era più sordo e tutto il palazzo sembrava spostarsi come se avesse avuto le gambe. Poi sentì gridare «al fuoco» per le strade di Lo-Yang, ed il crepitare delle case in fiamme; il boato continuava. I muri ed i soffitti del palazzo gli cadevano intorno, e l'imperatore restava prosternato davanti al'altare. Non pregava, non diceva nulla, ma sentiva che se fosse stato pronto per passare nell'altro mondo quello sarebbe stato il momento ideale. Dopo un lasso di tempo che gli parve eterno,

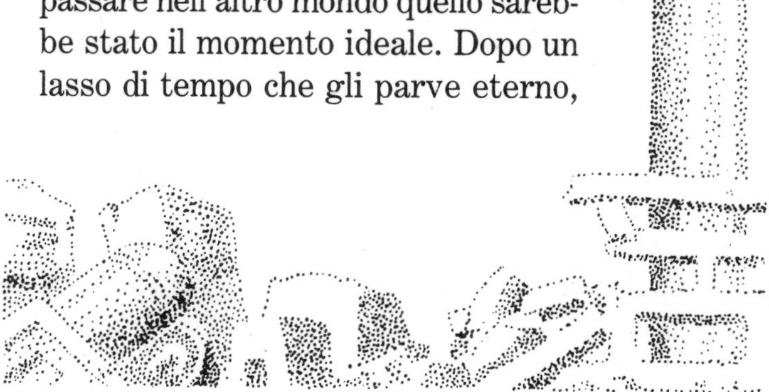

il boato cessò. Attese... non cadeva più nulla. Si rialzò cautamente, e vide intorno a sé rovine di granito e di marmo, statue spezzate, muri e colonne crollati. Si scosse la polvere di dosso e scavalcò le rovine che lo circondavano. Sentì una donna chiamare aiuto dalla camera dell'imperatrice... non riuscì ad estrarla dalle macerie, e siccome non c'era nessuno di vivo da cui farsi dare una mano dovette lasciarla lì. Andò fino al balcone, la cui balaustra era scomparsa, e guardò la città di Lo-Yang: restavano solo rovine, i palazzi erano stati rasi al suolo ed erano divorati dal fuoco.

Sgorgarono lacrime dai suoi occhi, e si chiese quante altre città della Cina fossero state distrutte a quel modo; era forse quella la fine del mondo, il grande cataclisma di cui il vecchio Saggio gli aveva parlato il giorno prima? A cosa poteva esser dovuta, una catastrofe simile? Perché una tale ferocia della natura? Perché tutte quelle gambe schiacciate dai pietroni, quella gente che correva per strada con i vestiti in fiamme?

Si sentì disperato ed impotente. Che fare? Da dove cominciare? Camminando per il palazzo si rese conto che il fatto che lui fosse l'imperatore della Cina non importava più a nessuno. La gente era tutta presa soltanto dalla propria sofferenza, dalla propria miseria, dalla propria paura. Varcò la porta principale del palazzo, avanzò in Lo-Yang incrociando persone che camminavano come nella nebbia; nessuno lo riconosceva. Volle aiutare un uomo ma quello si mise ad urlare tanto forte che dovette recedere ed abbandonarlo. Che

poteva fare? Tentò di soccorrere un bambino, portandolo via dalle macerie... ma il bimbo urlò, si dibatté con furore, e l'imperatore dovette riportarlo presso le rovine sotto le quali giacevano suo padre e sua madre.

Un po' dappertutto c'erano soldati che saccheggiavano: quando l'imperatore disse loro di smetterla, questi sguainarono le sciabole perché non l'avevano riconosciuto, così impolverato, e dovette fuggire. In un solo sussulto, la terra aveva inghiottito la capitale, privato l'imperatore d'ogni potere e creato una follia di paura e disperazione. Scavalcando corpi e pietre, attraverso le rovine ancora in fiamme, l'imperatore riguadagnò il palazzo; varcò le mura distrutte ed andò nel giardino: questo era miracolosamente intatto: nemmeno un fiore, nemmeno una goccia d'acqua mancava, come se la mano gigantesca che aveva devastato ogni altra cosa intorno avesse voluto preservare quel luogo. Bevve l'acqua del ruscello, si sedette in terra e pianse a calde lacrime. Come si sentiva inutile! Non aveva più esercito né ministri, e sua moglie, l'imperatrice, era rimasta sepolta nel palazzo; i suoi figli erano scomparsi, Lo-Yang era devastata. Di che cosa era dunque imperatore, ormai? E che era accaduto nel resto della Cina? Non aveva più alcun potere. L'esercito non aveva più alcun senso, e i soldati depredavano e rubavano. Come sapere se le provincie del sud gli erano rimaste fedeli? Come far sapere a tutti che era vivo? Non aveva mai pianto tanto amaramente.

D'un tratto trasalì, perché aveva sentito una mano posarglisi sulla spalla. Il vecchio Saggio era lì, in piedi, e l'imperatore, colto improvvisamente da una collera intensa, si mise a gridare:

— Guarda! Niente più palazzo, niente più città, mia moglie ed i miei figli sono morti! La potenza della mia nazione, devastata da un terremoto! La tua preziosa natura ha distrutto tutto, non c'è più nulla, ed io non ho più alcun valore!

Il Saggio lo guardò negli occhi: l'imperatore urlava e gesticolava, e quasi volle colpire il Saggio, dargli uno spintone. Ma una forza impedì al suo braccio di alzarsi... con un gran tremito, svenne. Il Saggio si sedette accanto a lui, e attese che potesse riprendersi per dirgli:

— Che farai, ora?

L'imperatore, disperato, alzò le spalle e disse:

— Non so.

— Che vuoi dire, con «non so»? Il tuo corpo è vivo, hai del lavoro da fare, hai un ruolo da svolgere...

L'imperatore gridò:

— Non ho più nulla, tutti i miei soldi sono profondamente sepolti sotto il palazzo, non posso pagare i soldati, e questi saccheggiano la città; non so che ne è del resto della Cina. Che posso fare?

Il vecchio Saggio si alzò e disse:

— In piedi.

L'imperatore si alzò.

— Guarda quell'aquila in cielo.

L'imperatore alzò gli occhi:

— Quale aquila?

E il Saggio lo spinse nell'acqua del fiume... l'acqua era fredda, e l'imperatore ne fu scosso. Guardò il vecchio Saggio e scoppiò a ridere:

— Ci sei solo tu che puoi trattarmi a questo modo! Sei l'unico che mi permette di sentirmi un essere umano... Aiutami!

— Che vuoi sapere? Disse il Saggio.

— Aiutami a ricostruire questo palazzo, questa città!

— Non posso aiutarti, disse il Saggio.

— In che senso?

— Sono un Saggio, posso vedere il passato ed il futuro, posso comprendere quanto accade, ma non posso aiutarti.

L'imperatore gli disse:

— Non ti capisco.

— Un veggente può soltanto vedere. Può aiutare gli altri ad usare gli strumenti che essi hanno, ma non li può costringere né fare il lavoro al loro posto.

— Perché sono qui? Disse l'imperatore. Perché sono venuto su questa terra? di quale utilità è tutto questo? Vengo, muoio, ritorno, rimuoio... non ha senso! Guarda tutta questa devastazione!

Il Saggio disse:

— Non cercare di sapere perché sei qui; non ha nessunissima importanza.

L'imperatore urlò:

— Devo sapere perché sono al mondo, altrimenti non potrò ricostruire nulla, non potrò cominciare niente di nuovo!

— Ridicolo, disse il Saggio. Forse che un bambino chiede perché è al mondo prima di cominciare a camminare? Il neonato chiede forse perché è venuto alla luce prima di mettersi a mangiare? Chiede da dove è venuto prima ancora di cominciare a parlare? Non essere stupido! Non hai bisogno di sapere da dove vieni. Molti usano questo tipo di gioco mentale per evitare

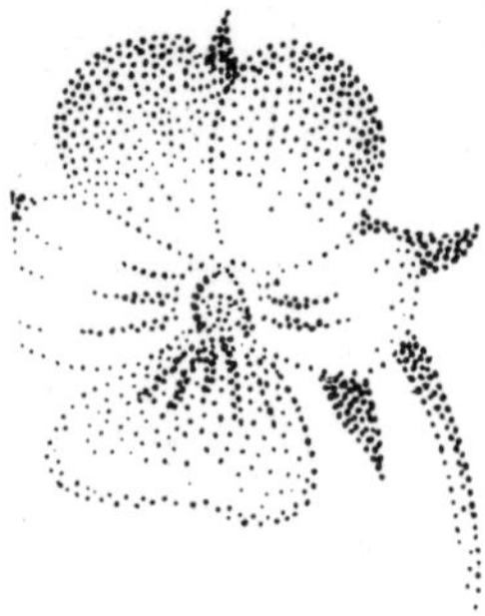

di guardarsi dentro, per non servirsi degli strumenti che hanno a loro disposizione. Fuggono la realtà presente dicendo: «Se potessi sapere da dove vengo, allora potrei...»; ma questo non ha senso. Sono idee che non valgono più di quanto valga oggi Lo-Yang; è una fuga!

L'imperatore si sentì offeso, e chiese:

— Tu lo sai da dove vengo e perché sono qui?

— Sì, disse il Saggio, ma se ti dò una comprensione intellettuale della tua situazione, questo non ti aiuterà a ricostruire Lo-Yang.

L'imperatore rispose:

— E allora cosa dovrei sapere?

— Hai bisogno di sapere che la situazione in cui ti trovi è quella che devi vivere; non puoi restar qui all'infinito a contemplarti l'ombelico ripetendo «perché mi è capitato questo, perché sono venuto al mondo, da dove vengo, perché la mia famiglia è scomparsa, perché sono imperatore della Cina». Queste domande non hanno alcun senso. Sei qui, e questo è tutto. E adesso che ne farai, di tutto questo? Starai qui a piagnucolare e a tirar su col naso? Non ti porterà a niente di buono.

Sei qui perché sei qui, e devi usare questa situazione nel modo migliore. Smetti di andare in cerca di scuse.

L'imperatore si sentiva ferito e mortificato. Il vecchio Saggio percepì la sua paura, la sua collera, la sua frustrazione, e gli disse:

— La maggior parte delle persone sono come bambini piccoli, e non si chiedono né da dove vengono, né dove vanno; si preoccupano solo di camminare, mangiare, fare delle esperienze. Certi individui giungono alle soglie del pensiero, e cominciano a farsi delle domande: alcuni trovano la religione, altri dei maestri che danno loro delle risposte, ed infine ci sono quelli come te, che vogliono saperne di più, e conoscere tutti i particolari. Potrei darti mille spiegazioni, potrei abbagliarti talmente che non sopporteresti più la tua stessa luce; ma quale giovamento ne avresti, e che te ne faresti? Forse che dai da mangiare a tuo figlio una tonnellata di riso in una volta sola?

— No, disse l'imperatore.

— Tuo figlio mangerà probabilmente una tonnellata di riso in tutta la sua vita... perché allora non dargliela tutta in una volta, cosicché non abbia più bisogno di mangiare?

— Ma questo lo ucciderebbe...

— Ah, disse il Saggio, hai capito! Anche tu, allora, non farti inutili domande, ma usa la situazione in cui ti trovi. Non devi dirti «Se soltanto avessi girato a destra invece che a sinistra tutto questo non sarebbe successo, se soltanto avessi mandato i bambini al palazzo d'estate sarebbero ancora vivi»; tutto questo non ti porta a nulla. Tu sei qui dove sei ora, ed è qui, dunque, che devi essere. Non puoi vivere né nel passato né nel futuro, ma soltanto nel presente. Quale che sia la tua situazione, usa le tue mani, la tua intelligenza, la tua forza.

— Ma non ho alcuno strumento, disse l'imperatore, non posso neppure costruire una casa.

Il vecchio Saggio scosse il capo:

— Il timore e lo spavento hanno accresciuto la tua ignoranza. I tuoi strumenti sono qualsiasi cosa tu usi per compiere un lavoro: possono essere una parola, o un sorriso. I tuoi strumenti sono la capacità che hai di capire che lì dove sei, in questo preciso momento, è dove devi essere; e non in un altro posto e in un'altra situazione. Usa ogni singolo momento.

— E che sarebbe accaduto se fossi morto anch'io? disse l'imperatore.

— Che domanda stupida, disse il Saggio; in tal caso non starei qui a parlarti e tu non avresti problemi! Qualcun altro prenderebbe le redini della Cina, e tu saresti con i tuoi antenati.

L'imperatore prese a camminare per il giardino con le mani dietro la schiena, guardando in terra con aria pensierosa. Si volse verso il Saggio e disse:

— Poco importa perché io sia qui; ho qualcosa da fare.

— Molto bene, disse il Saggio.

— Poco importa ove stia andando: farò un passo dopo l'altro.

— Benissimo!

L'imperatore si allontanò ancora un po', lentamente.

— Come posso fare? Quali strumenti usare?

Il saggio gli disse:

— In questi ultimi minuti hai percorso una distanza di nove metri. In questi nove metri ti sei imbattuto in molti strumenti!

L'imperatore lo guardò:

— Davvero?

Si volse a guardare il sentierino che serpeggiava attraverso il giardino.

— Strumenti?...

Si volse ancora, e prese a guardare a destra e a manca.

— Fammeli vedere!

— Ci sono dei frutti sugli alberi per nutrirti, disse il Saggio.

— Ah, sì, disse l'imperatore.

— E acqua per rinfrescarti.

— Già, disse l'imperatore.

Guardò ancora, poi aggiunse:

— Legno e pietre per costruire.

— Bravo, disse il Saggio.

L'imperatore si accorgeva degli uccelli, degli insetti, della vita che ronzava ovunque: andava in tutte le direzioni, eccitato, osservando quelle cose di tutti i giorni che ora stava scoprendo di poter usare.

— Incominci a capire, disse il Saggio. Usa quello che c'è. La maggior parte della gente non lo vede mai, e passa attraverso la vita cercando sempre qualcos'altro, attraversa la propria esistenza persuasa che l'obiettivo da perseguire sia lontanissimo, mentre intorno a sé può trovare tutto ciò di cui ha bisogno per raggiungere lo scopo.

— Un momento, disse l'imperatore; non capisco.

— È semplice, disse il Saggio, se vuoi costruire un muro di che hai bisogno?

— Di pietre, disse l'imperatore.

— Bene, e dove sono?

— Sono qui, tutt'intorno a me.

— Bene; allora, comincia a costruire!

— Ma per spostare queste pietre ho bisogno d'un attrezzo.

— Poc'anzi, lungo il sentiero, sei passato accanto a qualcosa, disse il Saggio.

L'imperatore tornò sui suoi passi, e trovò un bastone che avrebbe potuto essergli d'aiuto per sollevare le pietre.

— Oltre alle pietre, avrei bisogno di sabbia, acqua e argilla per fare la malta.

— Bene, disse il Saggio; tutti questi elementi sono a tua disposizione. Troverai argilla e sabbia vicino al ruscelletto.

L'imperatore ci andò, e tornò indietro con tutto ciò di cui aveva bisogno.

— Ora, disse il Saggio, hai tutti gli strumenti necessari per fare un muro.

L'imperatore esclamò:

— Significa che se uno si guarda intorno ed usa in modo completo ciò che trova non gli resta che riunire gli elementi necessari, e che non c'è nessun bisogno di correre di qui e di là, perché tutto è già qui?

— Sì, disse il Saggio, ogni uomo ed ogni donna ha la capacità di vedere, di percepire e di mettersi in unione con la vita intera, se è cosciente di tutto quanto ha

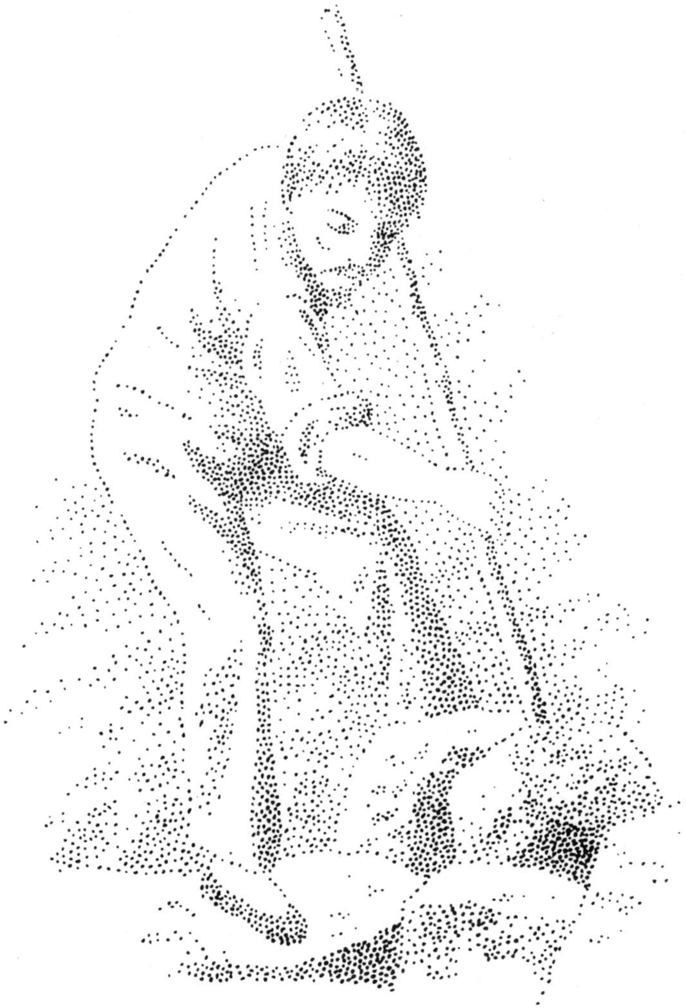

intorno, dell'erba, dei fiori, delle rocce. È qualcosa che non si impara stando chiusi in un laboratorio o in un monastero, né limitandosi ad un unica via, né guardando la realtà attraverso una sola tecnica o un solo punto di vista. Il tuo cammino è un cammino destinato ad aiutare gli altri a vedere da sé, destinato ad ispirar loro la ricostruzione.

L'imperatore si sentì colmo d'entusiasmo.

— Usa gli strumenti che sono intorno a te, disse il Saggio, usa l'energia di coloro che lavorano con te. Quanta gente hai mal impiegato, in passato? Quante persone hai lasciato che si deteriorassero, per disuso?

L'imperatore pensò:

— Avevo un messaggero; quando divenni imperatore era in ottima forma e poteva, con la sua rapida corsa, portare un dispaccio di città in città. Diventammo amici ed ecco che, poco tempo fa, quand'ebbi un messaggio da fargli recapitare... non era più allenato e non era più in grado di correre così veloce; avevo rinunciato a servirmi di lui!

L'imperatore si avvicinò ad un buco nel muro, guardò Lo-Yang distrutta, e dai suoi occhi sgorgarono altre lacrime.

— Un momento! Disse il Saggio. Perché piangi?

— Per tutta quella gente, per tutta quella bellezza che non c'è più.

— Dimentica! Disse il Saggio. La gente si nutriva di quella bellezza, ne viveva, e dunque era ben utilizzata. Ora, usa quello che c'è e smetti di voltarti indietro. Non vi è mai stato nulla di meglio e non vi sarà mai nulla di meglio dell'istante presente. In futuro ogni istante sarà sempre «ora», perché puoi soltanto vivere nel presente.

— Oh, disse l'imperatore... e gli parve d'aver fatto d'un tratto, in un solo secondo, un passo di quarant'anni sulla via della comprensione. Da dove cominciare, pensava... ma non riusciva né a vedere, né a sentire né a sapere da dove cominciare.

Si volse allora verso il Saggio e disse:

— La mia famiglia è scomparsa.

— Bene, disse il Saggio.

— Bene? E perché bene? chiese l'imperatore.

— Perché fanno parte d'un'epoca della tua vita, ed ora ne stai vivendo un'altra. Che pensi di tuo nonno? Chiese il Saggio.

— Era un uomo eccezionale, disse l'imperatore.

— Sei in pena perché non c'è più?

— No, disse l'imperatore.

— E perché?

L'imperatore cominciava a capire.

— La paura, disse il Saggio, la tristezza e l'emozione fanno parte dell'evoluzione dell'uomo. È un'evoluzione che devi attraversare, ma finché sei in preda alle emozioni non puoi usare ciò che sei. I saggi, quelli che sanno come aiutare la gente a vedersi qual è, non si lasciano coinvolgere da ciò che fu. Si interessano solo dell'istante presente. Possono vedere l'avvenire ed il passato, ma non si lasciano portar via da nessuno dei due.

Non appena ebbe pronunciato queste parole il Saggio, in un batter d'occhio, scomparve.

L'imperatore si mise a girare in tondo; aveva paura. Che fare? Uscì dal giardino, attraversò il palazzo e raggiunse la città di Lo-Yang. Incominciò a tirar fuori cadaveri da sotto le macerie, ad accumularli, a cercare d'identificarli; poco dopo un vecchio venne ad aiutarlo, e poi un bambino ferito si unì a loro, e poco per volta si formò un gruppetto, che circolava tra le rovine di Lo-Yang e ammucchiava i corpi, cercando di identificarli e infine bruciandoli. Ad essi si aggiunse una vecchia e poi un robusto soldato che, disorientato dalla perdita della sua famiglia, sentiva il bisogno di fare qualcosa.

Trovarono una madre amorevole per curare i feriti gravi e, giorno dopo giorno, lavorarono valorosamen-

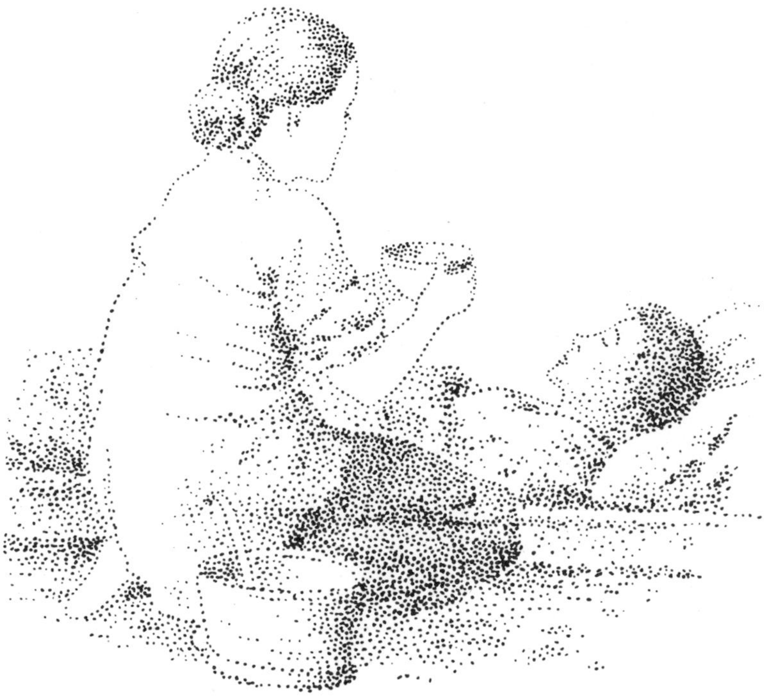

te. Ben presto si vennero a formare altri gruppi, e a poco a poco risanarono la città; i giorni divennero settimane, ma non si persero d'animo: duecento, trecento persone ricominciarono a ristabilire in quel luogo una vibrazione.

Un giorno un soldato riconobbe l'imperatore e lo disse a tutti. Questo diede loro nuova speranza, perché sentirono che tutto era possibile: l'imperatore era lì, e mangiava quello che mangiavano loro, e viveva con loro.

Due settimane dopo sentirono un gran rumore provenire dalla collina, e scorsero un grande esercito che si avvicinava; l'imperatore andò lentamente incontro ai soldati: aveva il volto sporco e gli abiti a brandelli; e dietro di lui marciava il gruppetto dei sopravvissuti di Lo-Yang. Il generale in capo dell'esercito scese da cavallo e si rivolse all'imperatore:

— Cos'è successo qui? È molto tempo che non riceviamo notizie da Lo-Yang, e pensavamo che la città fosse stata presa dagli invasori. Avevamo sentito tremare la terra, ma, appunto, non si sapeva dove fosse avvenuto il terremoto.

Il generale guardò la città ed il palazzo distrutto, e chiese al vecchio che aveva di fronte:

— Sei il loro capo?

L'imperatore sorrise e rispose:

— No, lavoriamo tutti insieme!

Alle sue spalle qualcuno si impettì e disse al generale:

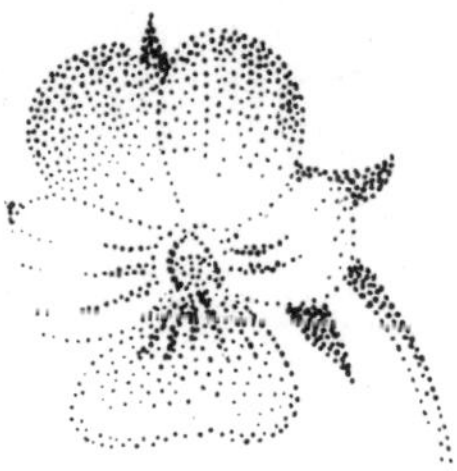

— Quest'uomo è il tuo imperatore!

Il generale osservò attentamente il vecchio e riconobbe la cicatrice sopra l'occhio che lui stesso gli aveva fatto da bambino, battendosi contro il giovane imperatore. Cadde in ginocchio ma l'imperatore gli disse:

— Alzati, togliti l'armatura, vieni qui con i tuoi soldati ed aiutaci a ricostruire Lo-Yang.

Entrarono in città e l'imperatore insegnò loro a servirsi di tutti gli strumenti disponibili: faceva fronte ad ogni situazione, usando le cose che erano a sua disposizione.

Se c'era un problema e qualcuno gli diceva «Questo non possiamo farlo!», l'imperatore non si faceva prendere dal panico e rispondeva:

— Vediamo.

E mentre era in cammino gli veniva qualcosa in mente, gli si formava un'idea, cosicché quando arrivava sul posto aveva già trovato in sé la risposta al problema.

I mesi passarono e Lo-Yang riprendeva a vivere; l'imperatore abitava in una casetta costruita nel suo giardino. Aveva preso tutto il marmo ed il granito del suo ex-palazzo per ricostruire la città; così, c'era un mercante che aveva una casa fatta con il marmo della camera da letto imperiale, ed un tintore che lavorava in una stanza fatta con le pietre del salone del palazzo, ed un invalido che aveva il trono come sedia.

l'imperatore, in piedi in mezzo al suo giardino, guardava Lo-Yang: non era gran ché, ma la vita era presente, e sentì d'aver profittato d'ogni istante nel modo dovuto. Incominciò a farsi delle domande:

— Che sarebbe successo se fossi morto anch'io? Chi avrebbe fatto tutto questo?

In quel momento si sentì spingere da dietro e cadde nell'acqua del fiume. Si volse sorridendo e vide il vecchio Saggio.

— Eccoti di nuovo a pensare, imperatore! Non è pensando che capirai da dove vieni e dove stai andando. Il pensiero è uno strumento, ed è come imparare a camminare, come gustare il tuo primo pasto: è solo uno strumento, un primo passo, un primo gusto. Sappi che è un passo importante, che devi imparare a pensare... ma che devi anche saper smettere di pensare, perché elucubrando non aiuterai il tuo popolo né comprenderai te stesso.

L'imperatore sorrise al vecchio Saggio:

— Ho fatto tutto quello che ci si aspettava da me? Chiese.

— E che hai fatto? rispose il vecchio Saggio.

L'imperatore gli disse:

— Guarda Lo-Yang: la città rivive, ho dato tutte le pietre del mio palazzo per ricostruirla.

— E non era ciò che dovevi fare? Disse il Saggio.

L'imperatore rispose:

— Era questo che ci si aspettava da me?

— L'hai fatto o no? Disse il Saggio.

— Sì, disse l'imperatore.

— Allora era ciò che dovevi fare, ciò che faceva parte del tuo vero essere. Perché mi chiedi questo?

l'imperatore rispose:

— Perché mi sento solo.

— Ti senti solo... Perché?

— Avrei bisogno di qualcuno con cui parlare, disse l'imperatore.

— Parla con quelli che ti aiutano, disse il Saggio.

— Ma hanno paura di me! disse l'imperatore.

— Perché? Perché ti ritiri in questo giardino? Perché sei l'imperatore?

— Non lo so, disse l'imperatore.

— E allora andiamo a Lo-Yang, disse il Saggio.

Uscirono dal giardino, entrarono nelle strade della città: i soldati che avevano aiutato l'imperatore li accolsero amichevolmente, ed anche il tintore, e tutti sorridevano all'imperatore ed al Saggio salutandoli con cordialità. L'imperatore scorse il bambino che aveva voluto aiutare a venir via dalle macerie, e questi gli rivolse un sorriso pieno di gioia.

Camminando per le strade di Lo-Yang poteva per-

cepire il calore della gente intorno a lui, e si sentiva bene; il Saggio gli disse:

— Non hanno paura di te: ti rispettano. C'è una differenza sottile tra la paura ed il rispetto. Questa gente ti rispetta per ciò che sei. Prima avevano paura di te, ma ora ti rispettano. Usa questo rispetto: non ritirarti nel tuo giardino, sulla tua montagna o in un monastero o in un luogo nascosto in cui non possano vederti. Il rispetto è il segno della massima evoluzione possibile per un uomo, ed è dovuto al fatto che l'individuo sa chi egli è.

L'imperatore si rivolse al Saggio e gli disse:

— Mi piacerebbe che tu fossi sempre qui con me, sempre. Mi dai fiducia e pace.

Il saggio sorrise:

— Queste persone che ti circondano hanno la stessa impressione quando tu stai con loro.

— Come! Disse l'imperatore. Sentono per me la stessa cosa che io provo per te?

— Sì, disse il Saggio.

L'imperatore esclamò:

— Non ci avevo mai pensato!

— Perché no? Disse il Saggio.

— Perché io sono solo l'imperatore, mentre tu sei il Saggio!

— È solo questione di terminologia, disse il Saggio. Ciò che sei, usalo!

Il Saggio continuò il suo cammino, mentre l'imperatore, in mezzo alla strada, lo guardava allontanarsi.

Egli non si volse, non guardò indietro. Sapeva ciò che era, chi era, e che anche altri avevano bisogno di scoprire quella fiducia in se stessi ch'egli aveva permesso di trovare all'imperatore, di sentire quella luce, di avere qualcuno da guardare non con paura ma con rispetto. Perché il rispetto permette l'evoluzione. Permette di evolvere verso la conoscenza senza bisogno di parole, permette di prendere coscienza di sé.

Un ragazzino si avvicinò all'imperatore che guardava il Saggio che si allontanava, lo tirò per la manica e gli disse:

— Imperatore!

L'imperatore si volse verso di lui:

— Cosa vuoi?

— Imperatore, dimmi... da dove vengo?

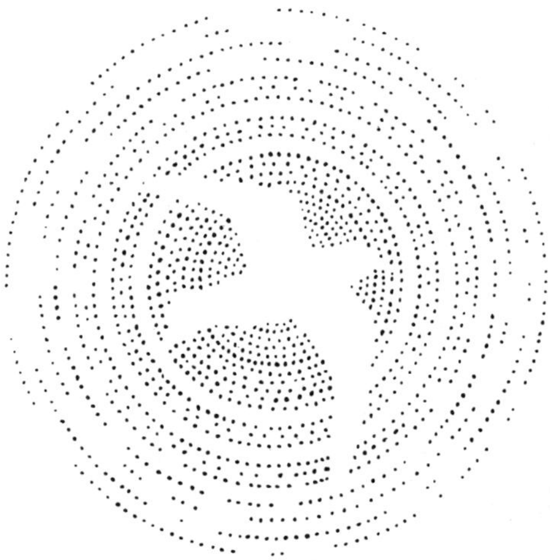

ALTRI TITOLI DEL NOSTRO CATALOGO:

nella collana delle opere di Anne e Daniel MEUROIS-GIVAUDAN:
- L'ALTRO VOLTO DI GESÙ (Memorie di un Esseno - vol. I)
- LE STRADE DI UN TEMPO (Memorie di un Esseno - vol. II)
- LE VESTI DI LUCE: leggere l'aura e curare per mezzo dell'amore
- TERRA DI SMERALDO: testimonianze dall'Oltrecorpo
- RACCONTI D'UN VIAGGIATORE ASTRALE
- VIAGGIO A SHAMBHALLA
- L'INCONTRO CON LUI
- I NOVE SCALINI: cronaca di una reincarnazione
- WESAK: il tempo della Riconciliazione
- CRONACA DI UNA DISINCARNAZIONE: come aiutare chi ci lascia
- DI LUCE IN LUCE: un anno di cammino con te
- IL POPOLO DEGLI ANIMA-LI

nella collana I DEVA:
- FRATELLO ELFO, SORELLA FATA, di Johfra, Lórien, Carjan
- MESSAGGERI DI LUCE: come includere gli angeli nella tua vita, di Terry Lynn Taylor
- IL RITORNO DEL POPOLO ALATO (Il libro degli Angeli), di Ken Carey
- ANGELI & UOMINI, CO-CREATORI: cooperare con gli Angeli, a cura di Maria Parisen
- I CUSTODI DELLA SPERANZA, di Terry Lynn Taylor

nella collana ALTRI UNIVERSI:
- DI STELLA IN STELLA, di Serge Reiver

nella collana SAGGEZZA:

nella collana dedicata alla Saggezza Buddhista:
- MO: divinazione tibetana, di Lama Mipham
- SAGGEZZA: come far buon uso delle religioni, di Anagarika Silananda
- MEDITAZIONE: cos'è e come praticarla, di Sogyal Rinpoche
- LA VIA DI DIAMANTE: tre anni con i Buddha del tetto del mondo, di Lama Ole Nydahl
- COME TRASFORMARE LE EMOZIONI NEGATIVE, di Lama Guendune Rinpoche
- IL CANTO DELLE NUVOLE: lo zen e l'arte della psicosintesi, di Matteo Iotti
- A... COME BUDDHA!, di Lama Jigmela Rinpoche

nella collana dedicata alla Saggezza Amerindiana:
- LE CARTE-MEDICINA: carte sciamaniche di guarigione, di Jamie Sams e David Carson
- IL POPOLO DEGLI UOMINI: gli Indiani del Nord America, di D. Buffarini
- INIZIAZIONE ALL'ARTE DELL'UOMO-MEDICINA, di Medicine Grizzlybear Lake
- IL MONDO È CIÒ CHE SOGNI, di John Perkins
- IL DONO DEL POTERE, di Archie Fire Lame Deer

nella collana dedicata alla Saggezza dell'Islam:
- SUFI: oltre l'ultima barriera, di Reshad T. Feild
- SUFI: la strada invisibile, di Reshad T. Feild
- NATI PER GUARIRE, di Reshad T. Feild

nella collana dedicata alla Saggezza dell'Antichità:

- INIZIAZIONE: memorie di un'Egizia, di Elisabeth Haich

nella collana dedicata alla Saggezza dall'Occidente:

- IL DIALOGO DELLE VOCI, di Hal Stone e Sidra Winkelman

nella collana L'UOMO E IL CIELO:

- MEDITAZIONI ZODIACALI, di Johfra

nella collana dedicata alle FAVOLE INIZIATICHE:

- I SAGGI DALLA VESTE COLOR PRUGNA, di Fun-Chang

nella collana ENERGIE:

- REIKI: energia e guarigione, di Giancarlo Tarozzi
- IL REIKI DELLE ORIGINI: il sistema di guarigione di Usui, di Gianna Cristofanilli e Giancarlo Tarozzi
- FENG-SHUI: la casa in armonia col cosmo, di Yannick David
- CASA TRA TERRA E CIELO: abitare secondo le energie cosmiche, di Jean-Charles Fabre
- L'USO COSCIENTE DELLE ENERGIE, di Rinaldo Lampis
- GIOIA È GUARIGIONE, di Torkom Saraydarian
- LA SCIENZA SPIRITUALE DEL KRIYA YOGA, di Goswami Kriyananda
- MEDICI DEL CIELO, MEDICI DELLA TERRA, di Maguy Lebrun
- AIDS: Roger è guarito, di Bob Owen
- L'ENERGIA NASCOSTA DELLA TERRA, di Serge Kahili King
- DELFINI GUARITORI, di Horace Dobbs

nella collana I GRANDI PRECURSORI:

- LUCI DELLA GRANDE LOGGIA BIANCA, di Michel Coquet
- GIORDANO BRUNO, il vulcano di Venezia, di Yvonne Caroutch

nella collana FINDHORN:

- LE PORTE INTERIORI, di Eileen Caddy *
- IL MIO VOLO VERSO LA LIBERTÀ, di Eileen Caddy *

nella collana I LIBRINCARTE:

- I MESSAGGI DELL'UNIVERSO: un gioco di carte per andare oltre la mente
- LE 108 MEDITAZIONI DI FINDHORN, di Eileen Caddy *
- LE CHIAVI DELLE FATE, di Gabriella Delfante

nella collana GLI SPIEGHEVOLI:

- MAPPE RIFLESSOLOGICHE DELLE MANI E DEI PIEDI, di A. Giacomini
- CHAKRA, E..., di Alberto Giacomini
- REIKI: trattamento base, di Silvia Pepe

AMRITA VIDEO:

- SWAMI PREMANANDA, la gioia di amare, di A. e D. Meurois-Givaudan
- COME AIUTARE CHI CI LASCIA, di Anne e Daniel Meurois-Givaudan

Riceverete gratuitamente il nostro catalogo ed
i successivi aggiornamenti richiedendolo a:
Edizioni AMRITA - Casella postale 1 - 10094 Giaveno (To)
telefono (011) 9349128 - fax (011) 9340579

Finito di stampare
nel mese di gennaio 1989
dalla Nuova Oflito - Mappano (Torino)

RISTAMPA	ANNO
4 5 6 7 8 9 10	96 97 98 99 2000 01 02 03